ちくまQブックス

となりの ヤングケアラー

SOSを キャッチするには？

村上靖彦

筑摩書房

本文イラスト
須山奈津希

となりのヤングケアラー
——SOSをキャッチするには？

目次

第5章 なぜヤングケアラーが注目されるのか

社会構造の変化から考える……054

第6章 ヤングケアラーに必要な支援……061

終章　それぞれの「居場所」をみつける……085

第1章 ヤングケアラーってどんな存在？

ヤングケアラーの発見

10年ほど前から家族のケアを担《にな》っている子どもが話題になってきた。彼《かれ》らは「ヤングケアラー」と呼ばれている。２０１８年に出版された澁谷《しぶや》智子《ともこ》さんの『ヤングケアラー』[＊1]（中公新書）を通して多くの対人援助職《えんじょしょく》が知ることになった言葉が、一般《いっぱん》の人の注目を集めるきっかけになったのは、２０２０年3月の毎日新聞の記事だった。

男性が心身に限界を迎《むか》えたのは高校2年の2月。朝起きようとすると全身が重くて動かない。何もする気にならず、学校に行けなくなった。休学して介護《かいご》に専念すると、「友達と自分は住む世界が違《ちが》う」と比べることがなくなり、イライラは楽になった。復学を目指したが、祖母の症状《しょうじょう》はさらに悪化。男性は1年後に退学した。制服など高校の物は全部捨てた。

（毎日新聞「〈クローズアップ〉ヤングケアラー　10代介護、可能性奪《うば》う　心身疲弊《ひへい》、学業諦《あきら》め」2020年3月22日東京朝刊）

男性は、認知症《にんちしょう》の祖母と二人暮らしであり、祖母の介護負担ゆえに高校を中退し、将来の見通しが立てづらくなっている。この記事が話題になり、毎日新聞が特集を続けたことで、他の新聞やテレビ、そして国や自治体がヤングケアラーに注目するようになった。

こども家庭庁は次のようにヤングケアラーを説明している。

「ヤングケアラー」とは、本来大人が担うと想定されている家事や家族の世話などを日常的に行っているこどものこと。責任や負担の重さにより、学業や友人関係などに影響《えいきょう》が出てしまうことがあります。*2

ヤングケアラーとは家族のケアを担う若者、という意味の言葉だ。家事や家族のサポートをしているがゆえに、寝《ね》る時間がなくなり、学校に行けなくなる人もいる。そこまでいかなくても、「弟のことがあるから……」と遊びに行けない人もいる。

18歳《さい》までの子どもが、家事、家族の介護、親のために役所や病院で通訳する、労働するといった役割によって、勉強や遊びあるいは睡眠《すいみん》に影響が出ている状態のことを指す、とされている。

日本で初めての調査が行われた2016年からしばらくのあいだは、だいたいクラスの5%がヤングケアラーにあたるというデータが出ていた。ところが2020年以降、報道が増え、教員研修も盛んに行われるようになったことで、子ども本人を対象とした最近の調査ではクラスの10％くらいの生徒がヤングケアラーにあたるという結果が出ることが多い。

「かなり多い」と感じる読者も多いと思う。でも「もしかするともう少し多いのではないか」と私は考えているのだが、その理由はのちほど説明する。同時に、「君はヤングケアラーではないか？」と大人から言われても「いや私は違う」と感じる人も多いのではないか。「親の手伝いはしているけど、それほどの負担ではない」「親は病気だけれど、私が家事をしているわけではない」「ヤングケアラーだと名乗ったら親に悪い」「家のことは外では言えない」という人も少なくないだろう。周りから見たらヤングケアラーなのに、自分では気づいていない子どもも、自分では認めない子どもも多い。このあいまいさはヤングケアラーという言葉の特徴《とくちょう》だ。

私は社会的困窮地域《こんきゅうちいき》で子ども支援を調査するなかでヤングケアラー問題と出会った。子ども時代にヤングケアラーを経験した人たちにインタビューをお願いして学んだことをもとに本書を執筆《しっぴつ》している。

本書では、「もしかしたら、クラスのあの子はヤングケアラーかもしれない、でも違うかな。」と感じて本書を手に取ったみなさんの視点から考えていく。そうすると現在一般的に思われている姿とは少し異なるヤングケアラーの姿が浮《う》かび上がってくる。家事や介護といった労働に従事する子どもだけがヤングケアラーではない。とりわけ精神疾患《せいしんしっかん》をもつ家族をサポートする子どもの存在が気になってくる。

家族のことが心配なときには感情の負荷《ふか》が大きい。心配や不安もあれば、家族が好きでサポートしたいという感情もある。あるいは状況《じょうきょう》から逃《に》げられなくて苦しいという感情もあるだろう。怒《いか》りや憎《にく》しみもありうる。

そのなかでヤングケアラーを苦しめるのは何よりも**孤立《こりつ》**である。家に閉じこもり、家族のサポートに没頭《ぼっとう》するなかで、「家のことを外では言えない」と周囲に相談できずに抱《かか》え込《こ》む。

そしてヤングケアラーが最近になって注目されたことには、社会的な理由がある。ヤングケアラーになるのは、もちろん子どものせいではないし、病や障害をもつ親やきょうだいのせいでもない。しかも今から何十年も前、日本が貧しかった頃《ころ》、子どもがきょうだいの世話や家事を担うことが当たり前だったときには注目されなかった。現代、注目されることは、何か社会の側の事情がある。

これらのことを、本書では考えていきたい。

子どもが誰《だれ》でももつ権利

ヤングケアラーについて考え始める前に、子ども全員にとって大事なことを書き留めたい。

子どもが誰でも持っている権利がある。これはどんなことがあっても守られなくてはいけない大事な原則だ。ヤングケアラーの子どもたち、あるいは暴力に苦しむ子ども、貧困《ひんこん》のなかにいる子どもについても、この権利は回復されないといけない（言い換《か》えると、家族のサポートをしているヤングケアラーが、この大事な権利をおびやかされているときには対応しないといけない）。ヤングケアラーをどのように考えるか、どのようにサポートするのかも、子どもが誰でももっている権利を基準にして考えることができる。

子どもの権利については、国連が１９８９年に定め、日本も１９９４年に批准《ひじゅん》した「子どもの権利条約」に大事なことがまとめられている。条約は長文だが、要点は４つある。

- 命、生活の安全が守られること
- 差別・いじめ・暴力を受けないこと、育ちにおける基本的な環境《かんきょう》・機会に差がないこと
- 自分の意見・気持ちを言う権利
- 社会が子どもにとって最善の利益を追求すること

衣食住は守られなくてはいけない。食べられない状態、家事や介護に時間を取られて睡眠が確保できない状態に置かれていたとしたら、健康な生活が損《そこ》なわれているわけであり、早急に手当てする必要がある。

もちろん介護を理由にして学校に行けなくなったり、友だちと遊ぶこともできないとしたら、子どもが誰でももつべき環境や機会が損なわれている。つまり子どもの基本的な人権が守られていない。休みがちである、身だしなみが整っていない、といった理由でいじめを受けたとしたら、それは差別であり、あってはいけないことだ。

苦しいときには誰かに相談する権利がある。生活が苦しいからといって、子どもの意に反して勝手に親から引き離《はな》すこともいけない。どのような暮らしにするのが最善の道なのかは、子ども本人と家族にしかわからない。誰とどのように暮らしたいのか、子ども自身が意見を言う権利がある。大人は子どもの意見を聴《き》く義務がある。これらのことは、ヤングケアラーだけでなく、子どもや若者全員に当てはまる権利だ。

これから見ていくように、ヤングケアラーは、はっきりとは割り切れないあいまいな状況を生きていることがある。一人ひとり、そのつどそのつど置かれた状況も願いも異なる。とするとその人にとって最善の利益がどこにあるのかは、子どもが自分の意見を語り、周りの人たちが子どもを交えてともに考え、子どもの願いを裏切ることがないように、どんな生活が望ましいのか探し出すことからしか見いだせない。

第2章

家事や介《かい》護《ご》だけがケアなのだろうか？

親が精《せい》神《しん》疾《しっ》患《かん》の子どもたち

「ヤングケアラーとは、親の代わりに家事や介護を担《にな》う子どもだ」と思っている人は多いかもしれない。私はあるとき澁谷《しぶや》智子《ともこ》さんの講演を聴《き》くなかで、それだけではないということを教わった。澁谷さんは日本でヤングケアラー問題を提起した研究者のお一人だ。

講演で澁谷さんが挙げた例のなかに、うつ病で落ち込《こ》んでいる母親の話を部屋でずっと聴き続けている子どもが登場した。家族の相談を聴くということは珍《めずら》しくはないだろう。しかし「死にたい」とうつむいている母親を毎日何時間も見守るとしたら、その子どもは過度に母親の心理的なケアをしている。家事を担っていなかったとしても、大きな負担を抱《かか》えている。母親が死にたいと落ち込んでいる姿を目《ま》の当たりにすることは、子どもにとってどれだけつらいことだろうか。このような若者もヤングケアラーだ。

澁谷さんの講演を聴いているさなかに、私が相談を受けてきた学生たちのなかに、何人もヤングケアラー経験者がいたことに思いいたった。うつ病や双極性《そうきょくせい》障害をもつ母親の話を長時間聴き、母親のことが心配でしかたがない。しかし母親と二人で部屋に閉じ込められることに大きな苦痛を感じてもいる。号泣《ごうきゅう》しながら話をする人もいた。彼女《かのじょ》たちの多くは大学入学を機に実家から離《はな》れて暮らし始めることで、親との距離《きょり》を作ることができ、息をつけるようになっていた。あるいは大学在学中に家を飛び出た人も知っている。実家から出られなかった何人かは死にたいと訴《うった》え、一人の学生は自死してしまった。あるいは母親が自死した人も自死未遂《みすい》した人もいた。母親が「大好きだ」と語った人も「憎《にく》い、ゆるせない」と語った人もいた。

澁谷さんがヤングケアラーだった人たちの経験をまとめた手記を引用する。

母のアップダウンは本当に激しいものでした。気持ちが下向きの時には、丸一日部屋に引きこもり布団《ふとん》の中でブツブツ独り言を言っていました。概《おおむ》ね「私ほどダメな人間はいないから、もう誰《だれ》にも合わせる顔がない」等の内容でした。気持ちが上向きの時には攻撃的《こうげきてき》になりました。ある日、母が居間でブンブンとタオルを振《ふ》り回しているので、私が「ママ、何してるの？」と尋《たず》ねると、「昼食に何を作ればいいか分からない」と言われました。〔……〕

〔就職活動が始まって〕私の精神状態は限界に達しました。しばらく、不眠症《ふみんしょう》と食欲不振《ふしん》と便秘が続きました。あまりにも眠《ねむ》れずに、深夜一人で布団にくるまりながら「助けて、助けて、誰か助けて……」と小声で独り言を言っている自分が居ました。大声で泣きたくても泣けませんでした。[*3]

（名倉美衣子《なぐらみいこ》さんの手記より。澁谷智子編『ヤングケアラー　わたしの語り』生活書院、2020年）

私自身も学生たちから近い話を聴いてきた。家事や介護で時間が取られるときには、勉強や体調・身なりに影響《えいきょう》が出るので、先生たちも気づきやすいだろう。これに対して、家事を担うわけではないけれども家族の悩《なや》みをずっと聴いているヤングケアラーは目に止まりにくい。そして子ども自身も自分がヤングケアラーだとは思いも寄らないだろう。なので「助けてほしい」と名乗り出ることもない。

現在いくつかの調査でクラスの10％ほどの子どもがヤングケアラーではないかという結果が出ているが、精神疾患で苦しんでいる家族を見守る子どもが漏《も》れているとすると、実際はもっと多いのではないか。

社会から排除《はいじょ》される家族

もう一つ社会的に重要な視点は、ヤングケアラーがサポートしている家族自身が、しばしば社会のなかで脇《わき》に追いやられているということだ。

重い障害をもつ親やきょうだいは、社会のなかで思うように活動することができない。障害ゆえに社会から排除されて働けないこともある。認知症《にんちしょう》をもつ祖父母も社会のなかで同様の位置に追いやられるだろう。

あるいは日本語を話すことができない親を手伝って、学校を休んで病院や役所で通訳をするニューカマーの子どもたちがいる。外国から来た親自身が、制度的にも実生活上も、日本で大きなハンディキャップを抱えているマイノリティだ。あるいは、音声言語が使えないろうの両親をサポートして通訳する健聴《けんちょう》の子どもたちもいる（コーダと呼ばれる）。耳が聞こえることを前提として作られている社会のなかで、親は疎外《そがい》されている。ヤングケアラー問題のかたわらには、社会的排除が横たわっている。

子どもの頃《ころ》から通訳を担うということは、単に通訳するだけでなく、大人が行う手続きを子どもが担うということでもある。親の代わりに、子どもが大人の役割を担っている。社会から排除されやすい親を社会へとつなぐ役割だ。

私が調査の中でインタビューをお願いしたAさんの両親はろう者であり、声での会話はできず、日本手話で生活している。

【Aさん】今、母の病院とかに付いていくのが嫌《いや》なんですけど。今、そういう悩みを抱えてる時期なんですが、どうしても、母が私を連れて行くことで〝通訳してくれる〟って思ってると思うんですよ。でも、私は通訳者として行ってるわけでもなくって娘《むすめ》として行ってるのに、通訳しないといけない。病院の先生が私に対してなんか言ってるんですけど、でも、私はそれを通訳すると、私と先生の会話じゃなくて、通訳をすることで「私が消えちゃう」っていうのがあって。すごい、そこに違和感《いわかん》があったんですね。

ろうの人たちは声での会話ができないために、大きなハンディキャップを負っている。子どもが親の通訳を担うことは、大人が本来担う仕事を子どもが代わりに担う負担だ。学校を休むときには学習権も侵《おか》されている。

それだけではない。通訳をしているその瞬間《しゅんかん》には、2つの言語で頭がパンクする。通訳をしながら自分自身の思考をすることは、大人のバイリンガルでも不可能だろう。「私が消えちゃう」というのは、そのような経験が頻繁《ひんぱん》に起こっていることを示す。「親の代わり」になるときには「私が消えちゃう」のだ。

親のケアをするヤングケアラーの場合、親が社会から排除されていることがある。ヤングケアラーは、自分が身代わりやつなぎ役になって、親と社会をつなごうとする。そのとき自分もまた背景に退いて消えてしまうのだ。

定義の試み①
「家族への心配から逃《に》げることができない子ども」

家事や介護労働だけがヤングケアラーの条件ではないとすると、別の考え方が必要になってくる。ここではまず「ヤングケアラーとは、**家族を心配することから逃げることができない子ども**」という定義を提案したい。私が出会ってきたヤングケアラー経験者のみなさんは、家族を強く心配していただけでなく、その状況《じょうきょう》に閉じ込められていた。

村上　一番印象的なのは、それだけ強くお母さんのことを思えるってどういうことなんだろうって。

Bさん　なんででしょうね。たまに、――ママ、つねに不安そうな顔してるっていうか。薬もやってるっていうのもあったから笑わなかったんですよね。――あるときママ泣いてて、めっちゃ。泣いてて、家帰ってきたら。声は出してないけど、涙《なみだ》ずっと流れてるんですよ。それで、「守ってあげないとな」って思いましたね。

村上　守ってあげないとっていう存在だったんだ。

Bさん　そうですね。ママ一人だし、母子家庭で一人だからこそ。あと、自分が長女やからっていうのもあったんですね。責任感強い部分は正直ありました、自分のなかで、なかにはありましたね。〔……〕ひたすらあれでしたよ、帰っても「ママおらん」とか、「ご飯ない」とかで、家帰っても。

心配して、それに続けて出てくる感情は人によりそれぞれだ。心配し率先《そっせん》して親の世話をし続ける人もいれば、心配ではあるが怒《いか》りをもっている人もいる。親と一緒《いっしょ》に暮らすためにがんばる子どももいれば、親に縛《しば》りつけられることに（あるいは親が自分のことをほったらかしにすることに）耐《た》えられなくなる人もいる。家族と一緒に居続けることも、家を出て離れることも、どちらも大事な尊重されるべき決断だ。ともあれヤングケアラーは家族のことが心配で、家族から離れがたく感じている。

あるいは「ヤングケアラー」という言葉に対する反応も子どもによって大きく異なる。言葉にならない自分の苦労に名前がついたことでほっとする人もいれば、親に対して罪悪感を覚えるためにヤングケアラーという名前を拒《こば》む人もいる。それでも「心配している」という出発点は全員に共通していた。そもそも英語のケアcareには「心配する」という意味が含《ふく》まれている。

もちろん、ヤングケアラーでなくても子どもはみんな家族の手伝いをするだろう。でも手伝いをするだけではヤングケアラーではない。手伝いならばさぼることもできる。しかしヤングケアラーは家事や介護から逃げることができない。「さぼろう」と思うことがないほど家族のことが気がかりなのだ。手伝いをすることも大事だし、しなくてもよい自由もとても重要だ。どちらの自由もあるときにこそ、子どもは自らの意志で主体的にお手伝いを担っていることになる。心配するあまり「やらない」という選択肢がないとしたら、状況に強《し》いられて自由を失っている。自分の行動を選択する自由は大事な権利だ。

定義の試み②
災害のなかの家族、災害としての家族

しかし「心配から逃げられない子ども」という定義だけではヤングケアラーを説明しきれていないのかもしれない。

『わたしが誰かわからない——ヤングケアラーを探す旅』（医学書院）を執筆《しっぴつ》した、映像作家で作家でもある中村佑子《なかむらゆうこ》さんと対談したときに気づかされた出来事《できごと》があった。「家族への心配から逃げることができない子ども」という定義に、中村さんは違和感を感じるとおっしゃった。

しばらく考えたのち、中村さんは次のように語った。

【中村】親元から逃げるとか逃げないとかではなく、ヤングケアラーというのは

家族ごと戦争や災害に見舞《みま》われたことに近いと思う。つまり、どちらが悪いとか、ケアが必要な当事者はどちらかということではなく、言わば、病気や障害の当事者である親や兄弟と一緒にその災害に遭《あ》っている。家族のなかで比較的《ひかくてき》ましな人が、自分よりつらそうな人を支えていく、それでいいのではないかと。＊4

（「ヤングケアラーの哲学《てつがく》」『群像』2024年5月号）

中村さん自身ヤングケアラー経験者として『わたしが誰かわからない』を執筆した。対談の日がちょうど東日本大震災《だいしんさい》から13年目の2024年3月11日だったことも私たちの頭にはよぎっていた。中村さんは**「家族ごと戦争や災害に見舞われた」**と語る。

あらためて考えてみると、子どもが「心配から逃げられない」ことと、「家族ごと見舞われた災害のなかで、比較的ましな人が、自分よりつらそうな人を支えていく」こととのあいだに矛盾《むじゅん》はないように思う。子ども個人の視点から家族の心配をするヤングケアラーを考えるのか、家族全体が抱える困難を単位として考えるのか、という視点の違《ちが》いだろう。

たしかに困難はヤングケアラーの役割を担う子どもだけのものではなく、病や障害をもつ家族、ケアを担う他の家族も含めて、全員が直面しているものだ。そしてヤングケアラーへのサポートを考えるときには、**家族全体への支援《しえん》が重要になる**。例えばヤングケアラーだけに学習支援をしても解決はしない。病や障害ゆえに家族が生活に困難をもつのだから、家族の病や生活をサポートできないと、子どもの困難は改善しない。

もしかすると中村さんは、「〝心配から逃げられない子ども〟という表現では家族を悪者にしてしまう」、と感じたのかもしれない。もちろん家族自身も困難の当事者であり、悪者にしてはいけない。のちほど述べるように、まさに家族を悪者にしないためにも「ヤングケアラー」という名前は大事な役割をもつと私は考えている。

第3章

愛《あい》憎《ぞう》相半ばする……

相反する感情のゆらぎ

私がヤングケアラー経験者と出会ってきたなかで印象に残るのは、家族に対する強い感情だ。愛情も苦痛も強く表現された。

ある学生は、ふたりきりで台所に閉じこもり、「死にたい」とつぶやく母親と何時間もとどまった経験をしばしば語っていた。ある日は、母親が躁《そう》状態に転じて衝動的《しょうどうてき》に沖縄へと旅行に出かけるのを追いかけた経験を、号泣《ごうきゅう》しながら語っていた。母親自身は、娘《むすめ》を旅行に連れて行ってあげていると考えているので、行くさきざきで衝動的な行動をするのをサポートしながら、自分は楽しんでいる振《ふ》る舞《ま》いをしなければいけなかったそうだ。母親に対する心配と、母親に対する怒《いか》りが同時に極端《きょくたん》にあふれてきたときに、言葉にはなりきらないために涙《なみだ》しかでてこないのだろう。はっきりと言葉で説明することができない強い感情は涙になる。

ヤングケアラーをテーマにした中村佑子《なかむらゆうこ》さんの『わたしが誰《だれ》かわからない』でも複雑な感情が描《えが》かれている。

母を支配しわたしたちを殺してしまうかもしれない憎《にく》い姉。そんなに憎んでいるんだ、嫌《きら》いなんだ、姉は端的に悪なんだね、病原菌《びょうげんきん》なんだね、と人は理解してしまう。だったら切り離《はな》そう。役所の相談窓口にいって、その人から距離《きょり》を置く手伝いをしてもらおう。

しかし、そう簡単に距離が置けるわけではない。小さな小箱にしまってある、その人が大事にしている部分がある。やはり大切で、大好きで、美しく華奢《きゃしゃ》な姉に憧《あこが》れている。でも揺《ゆ》り戻《もど》しがある。いや、やはり耐《た》えられない……。

マナさんの話は姉への誇《ほこ》りと嫌悪《けんお》がぐるぐるしていた。*5

マナさんは姉について「世界でいちばん憎くて、世界でいちばん愛している人」という。美しい姉と出かけるときの誇らしい気分についても書かれている。マナさんが姉に対して感じているのは、単純に愛情と憎しみのあいだの二項対立《にこうたいりつ》ではない。**振幅《しんぷく》の大きいさまざまな感情が同時に覆《おお》い被《かぶ》さっている。**子どもながらに家族の困難を背負いこみ、母のことが心配であり、姉のことが憎くもあり好きでもあり、自分自身のやりたいことがままならなくなるもどかしさも抱《かか》える、そのような複雑な状況《じょうきょう》のなかでは感情を言葉にすることがとても難しくなる。子どもだから表現できないのではなく、複雑であいまいな経験だから、感情をクリアにすることが難しい。

家族が心配であり、家族と一緒《いっしょ》に過ごしたいし、家族のために役に立ちたい感情の揺れ動きは複雑なものだ。生きていくことがままならなくなるときには、家族とともに暮らすのか、離れたほうがよいのかの迷いもでる。

家事や介護《かいご》に時間を取られ、場合によっては毎食がカップラーメンになるような過酷《かこく》な状況の中で暮らしているのだから、親からは離れて施設《しせつ》で暮らしたほうがよいのではないか、と思う人もいるかもしれない。ところが、私が出会ったなかで、とりわけ社会的困《こん》窮《きゅう》のなかで暮らしてきた人は、むしろ親とともに暮らすことを望んでいた。ひとり親、極度の貧困《ひんこん》や精神疾患《せいしんしっかん》のため親が食べるものを準備できない、薬物で親が逮捕《たいほ》される、といった過酷な経験をするのにもかかわらず、である。次のCさんもそんな一人である。

【Cさん】母親はめっちゃ多分、好きやったんですね。保育園生のときなんかは母親にべったりみたいな感じ。母親から離れたくないみたいな感じなんですけど。小学校に入ってからは別に離れたくないってわけじゃないけど、でも、好きやったし。母親がしんどい思いしてるんやったら、心配になるしみたいな感じですかね。

母子家庭で育ったCさんの母親はうつ病を患《わずら》い、小学生時代からCさんは家事を担《にな》いながら食事もままならない状況を経験している。過酷な経験を強《し》いられたのだから、母親を憎んでもおかしくないように見えるかもしれないが、Cさんも先ほどのBさんも母親をとても大事に思い、母親と暮らすことを心から願っていた。母親が抱えていた苦しみの背景にまで思いをはせ、〈家族全体が被った災害〉として状況を生き抜《ぬ》いている。

家族にしばられて苦しい

家族と一緒に暮らしたいという強い思いをもつヤングケアラーも多いが、家族と一緒にいることで苦しくなる人もいる。大学で私が相談を受けてきた学生のなかに何人かのヤングケアラーがいたことに気がついたときに、まっさきに思い出したのがそういうケースだった。

とくに以前勤めていた大学の学生をまっさきに思い出す。彼女《かのじょ》は新興宗教に入信した母親の修行《しゅぎょう》や布教活動に付き添《そ》い続けていた。宗教2世という言葉もヤングケアラーという言葉もまだなかった頃《ころ》のことだ。「母親が心配だ」という相談を私や大学の相談室にしていたのだが、母親の宗教活動については私もどうしようもなかった。母親は、娘のためにその活動をしているのだと考えていた。学生の体調はあまりよくなさそうだったが、彼女自身の心理的な悩《なや》みの相談を受けたことはなかった。

彼女はその後も母親に束縛《そくばく》されていた。直後に大阪に異動した私の研究室にまで、新幹線を乗り継《つ》いで進路相談しにきたときにも母親がついてきてしまった。電車を途中下車《とちゅうげしゃ》して母親を振り切って、わざわざ遠回りしてバスで来たのだと語っていた。私自身は、「母親があいかわらず大変なんだな」とは感じたが、彼女自身の苦しみの深さには思いがいたらなかった。

それからしばらくして亡《な》くなったという知らせを受けた。逃《に》げ場を失って、彼女は死へと追い込《こ》まれたのだろう。亡くなった当時は、まだヤングケアラーという言葉を知らなかった。彼女の死は後悔《こうかい》が残ってときどき思い出していたのだが、10年以上あとに澁谷《しぶや》智子《ともこ》さんの講演を聴《き》いているその瞬間《しゅんかん》に、彼女もまたヤングケアラーだったと気づいたのだ。

2022年7月に安倍《あべ》元首相《もとしゅしょう》が狙撃《そげき》され死亡した。犯人が、母親の宗教である旧統一教会と元首相との関係を狙撃理由として語ったことをきっかけとして、宗教2世が注目されるようになった。宗教2世であるがゆえに、親から虐待《ぎゃくたい》を受け、親に束縛され、親のケアを担っている子どもの存在が話題になるようになったのだ。[*6] 宗教2世のなかには、日常的にムチで打たれてきた虐待経験をもつ人もいる。そして私の学生のように親を心配してヤングケアラーになる人もいる。

私がインタビューをお願いしたDさんは、母子家庭で一人っ子だった子ども時代にうつ病の母親にしばられていた。しばしば睡眠薬《すいみんやく》で自死を試み意識を失った母親を、Dさんが徹夜《てつや》で見守るうちに学校に通えなくなった。

【Dさん】 もう、拘束《こうそく》です、束縛。そういう虐待じゃないけど、苦しいですよ、それも。

本当に、苦しいですよ、それって。自由がなくて。電話とかも、友だちと電話するのも全部、「横でしなさい」。聞かれたくないやないですか、好きな子との電話とか。

私の周りでも、心理的にしんどさを抱えている母親をサポートしていたのだが、行動をすべて監視《かんし》されていたことでうつになり、強く死を考えていた人がいたのを思い出す。その人は最終的に家を飛び出したが、家族にしばられて自由を失う閉塞感《へいそくかん》は、死を考えるほど重いものである。

未来がなくなるように見えるとき、先の変化が見通せないときには、永遠の時間のなかに閉じ込められるように感じられるだろう。他の生き方、他の家族関係がありうるのだが、子どもは自分の家のことしか知らないのだから、他の可能性がありうるとは思えなくなる。

「私」がなくなる

２章に登場したAさんは、「私が消えてなくなる」と語っていた。中村佑子さんが自身の体験とインタビューから書かれた本のタイトルも、『わたしが誰かわからない――ヤングケアラーを探す旅』だ。あまり注目されていないが、ケアに忙殺《ぼうさつ》されたり、感情を押《お》し殺したり、家族と一体化するなかで、「自分が消える」という経験をする人は少なくないようだ。

Aさんは、耳が聞こえない親の通訳をするときに自分自身が会話から消えるという。別のインタビューでは、病に倒《たお》れたきょうだいを親が必死に看病するなかで、親が望む明るい妹の演技を続けるあまりに「自分が空っぽ」になったと語った人もいた。中村さんも『わたしが誰かわからない』の中で、「自分の願望や欲望よりも先に病気の家族の願望を優先してしまい、しまいに自分が何を求めているのかわからなくなる」と記している。

あるいは家族の状態が予想不可能な仕方で刻一刻と変化するがゆえに、自分自身の行動が定められないということもあるようだ。中村さんは、「ケア的主体とは、つねに変化のなかに身を置く訓練をしているということではないか」と書いている。ケアする状況に合わせて自分を溶《と》け込《こ》ませ、消していくことで対処するのだ。私のゼミ生の一人も、刻一刻と変化する親の気分を感じ取り、親が周囲とトラブルにならないように外出に同行していた。

ある時、部屋で掃除《そうじ》をしていた中村さんは、ベランダから飛び降りようとしている母親に気づく。

何か危ないことが起こっている。すぐに窓が開いていることに気がついて、ぱっと立ち上がり走ることができる、腕《うで》をひっぱることができるわたしは、もうそのときこの世界の向こう側に行こうとしている人と同じ心持ちになっている。
（『わたしが誰かわからない』医学書院、2023年）

掃除に没頭《ぼっとう》していた中村さんは、いつでも母親の気持ちや体とシンクロすることができるという。ヤングケアラーが巻き込まれる強い感情の振幅は、自分の感情が存在することを示しているが、同時に彼《かれ》らは状況へと自分を溶け込ませ、家族と一体化して「自己」を消すのだ。

ケアのなかで家族を優先したり家族と一体化することで、自分が埋没《まいぼつ》して消えるのはヤングケアラーの特徴《とくちょう》だ。

ヤングケアラー経験者へのインタビューを進めるなかでだんだんと気づいてきたことがある。

孤立《こりつ》

私は、2010年代後半、大阪市西成区《にしなりく》にある社会的困窮地域に通い、子ども子育て支《し》援《えん》の聴き取り調査をしてきた。西成区には、日雇《ひやと》い労働者が集まっているあいりん地区（釜《かまが》ヶ崎《さき》）や、被差別《ひさべつ》部落、在日コリアンの集住地区がある。つまり経済的に困窮し、差別を受けてきた人たちが多く住む地域である。歴史的に困難が多く見られるのであるが、しかしそれゆえにこそ、民間の支援者のみなさんによる活動が盛んな地域だ。

この地域にもヤングケアラーとして育つ若者が多数いることを支援者から教わり、ヤングケアラー経験者の聴き取りを始めた。最初は貧困が厳しく、逆境体験のなかで育ったこの地域のヤングケアラーは、さぞかし大変な状況にあるだろうと想像していた。実際、貧困だけでなく、先ほど登場したように母親がうつ病で自死未遂《みすい》した人、あるいは高校生のときに母親が突然《とつぜん》自死した人、親が倒れて中学1年生から介護し続けている人、母親が覚《かく》醒剤依存《せいざいいぞん》で逮捕された人など、大変な出来事《できごと》が起きている。

ところが、である。

先ほど、澁谷智子さんの講演がきっかけで、私が相談を受けてきた学生のなかにヤングケアラーがいることに気づいたと書いた。そのとき私の理解が大きく変化した。大学で私が教えている学生たちは、経済的にも教育機会も恵《めぐ》まれた環境《かんきょう》で育ったのにもかかわらず、むしろ成人した今もつらそうだ。西成で聴き取りをした、前向きに人生を考えながら過去の経験を振り返るヤングケアラー経験者とは対照的ですらあった。もちろん西成の若者たちもインタビューでは話さないさまざまな悩みを抱えてもいるだろう。しかし境遇《きょうぐう》の外面上の深刻さと、ヤングケアラー本人にとっての傷の深さは別のものだと気がついた。

そして考えているうちに、西成という社会的困窮地区の若者たちと、私が相談を受けた学生たちとのあいだに、環境の大きな違《ちが》いがあることに気がついた。

食べるものに困るほどの貧困を経験したとしても、西成の子どもたちは周りに居場所がある。西成では、子どもたちを応援する居場所が、１９７７年に設立された「こどもの里」をはじめとして、さまざまに作られてきたのだった。そして保育園の送り迎《むか》えを支援しながら生活をサポートする取り組みなども伝統的に行われてきた。ヤングケアラーの子どもがいる家庭の生活を誰かが応援するチャンスがある。見守ってくれる大人、子どものかすかなSOSを感じ取りすぐサポートに入る大人、家族をサポートしてくれる人、そして支え合う友だちがいる。自由に遊べる場所と見守る大人がいる環境は、他の地域ではいったん失われたものだろう。

これに対して私が大学で出会った学生たちは、周囲の大人に相談することなく一人で家族の困難と向き合って、大学に入学して初めて子どもの頃からの苦しさについて語っていた。「孤立」が学生たちの苦しさの核《かく》にあった。経済的には恵まれていて、特段家事や介護を担っていなくても、うつ病の母親とともに過ごし続けるのに誰にもサポートしてもらえない孤立は、大学に入り親元から離れたあとにも深い傷を残していた。

先ほど引用した中村佑子さんも同様の孤独を書き留めている。

小学校にあがり、電車で通学していた私は母が家にいたにもかかわらず鍵《かぎ》っ子だった。学校から帰ってきて玄関《げんかん》のドアを開けるとき、いつも深呼吸をした。扉《とびら》を開けてみて、部屋が暗く静まりかえっていれば、朝、私をベッドのなかから送り出したままの格好で、母は、死んだように横たわっている可能性が高かった。[*7]
（『マザリング』集英社、2020年）

ヤングケアラーの深刻さは、ケアを必要とする家族の病や障害、経済状態や、ヤングケアラーの労働の深刻さではなく、**ヤングケアラー自身がケアを受けているかどうか、孤立していないかどうか、**に関わるように見えてくる。既存《きそん》の調査ではそのような側面を把握《はあく》することができていない。[*8]

もちろん疲労困憊《ひろうこんぱい》し学校に通えなくなるヤングケアラーへの、生活や学習のサポートは重要だ。しかしそれだけでは十分ではない。ヤングケアラーが家事や介護に忙殺されているとは限らない。誰とも苦しさを共有することができず、誰のサポートも受けられない状態も苦しい。家事や介護ゆえに学校に通えなくなるにせよ、親との関係に閉じ込められるにせよ、ヤングケアラーが周囲から切り離されて孤立するとき、それは大きな苦痛となる。と同時に子どもは「家のことを外で話してはいけない」という思いももつ。「人に迷惑《めいわく》をかけてはいけない」という社会からの押し付けを、守るべきルールであると思い込んでいる。これらは、日本社会が暗黙《あんもく》の空気として私たちに押し付けている理不尽《りふじん》さだ。「人に迷惑をかけてはいけない」という思いは、「ケアを受けとることができない」というSOSだ。

ここには大きなヒントがある。家族をサポートすること自体は悪いことではない。家族の病や障害も誰のせいでもない。家族に降りかかってきた困難のなかで子どもが家族のケアを担うとき、子どもや家族が幸せに暮らすためには、外部の誰かによる具体的な応援、相談して何かあったら助けを求められる大人、安心できる居場所、このような存在が大きな力となる。

第4章

ヤングケアラーという言葉をどう受け止める？

マイナス面だけでないとらえ方

ヤングケアラーという言葉は不思議な言葉である。日本にはつい最近入ってきた言葉であり、私自身も今になって「あの学生はヤングケアラーだった」と気づいている。渦中《かちゅう》にいる子ども自身も自分のことを「私はヤングケアラーだ」とは思わないはずだ。この言葉はいくばくかのとまどいや違《い》和《わ》感《かん》とともに使われている。

しかし、私自身は「ヤングケアラー」は良い言葉だと思っている。

私がこの言葉と出会ったのは先述した通

り、大阪市西成区《にしなりく》という貧困《ひんこん》が厳しい地域で子ども支援《しえん》の調査を行っていたときのことだ。私は地域で虐待《ぎゃくたい》のリスクがある子どもたちについて話し合う会議に出席していたことがある。それは、要保護児童対策地域協議会と呼ばれる（要対協と略される）。児童福祉法《じどうふくしほう》で各自治体に課せられた、虐待防止のための多職種連携《れんけい》の会議だ。

西成区では中学校区ごとに一つ運営されて月一回のケア会議を開いている。そこでは、小中学校の生活指導の先生、保育園の保育士、幼稚園《ようちえん》の教諭《きょうゆ》、いくつかの子どもの居場所のスタッフ、地域で困窮《こんきゅう》家庭を訪問しながら生活支援をしている支援者、区役所の子育て支援室、生活保護のケースワーカーといった現場で子どもと日々出会っている人たちが集まっている。会議は虐待の予防が目的であり、虐待が起きる心配がある家庭、あるいはすでに何かが起きた家庭について、出来事《できごと》や心配ごとをシェアする。

その会議では、１００軒《けん》ほどの家庭があがっていた。そのなかに、子どもがほったらかしになっていて食事や清潔のケアが十分ではないかもしれない、と心配されている家庭が少なからずある。このような家庭は「ネグレクト」という虐待のリスクがあるとされる。「ネグレクト疑い」と呼ぶときには、食事を与《あた》えられなかったり、毎食コンビニですませていたり、風呂《ふろ》に何日も入れなかったり、あるいは朝起きられないため学校に通う準備ができないといった理由で、「親が十分に子どものケアをできていない」と語られている。つまり親を責めることになる。

しかし朝起きることができない親自身もうつ病などの精神疾患《せいしんしっかん》や障害を抱《かか》えていることがある。抑《よく》うつの背景には過去に被《こうむ》った暴力や理不尽《りふじん》な境遇《きょうぐう》がある。生活上の困難を抱えていることも少なくない。苦しいなかで一生懸命《いっしょうけんめい》子どもを気づかっている。子どものケアができていないと責められることは、親にとって受け入れがたいことだろう。

「ネグレクト」を「ヤングケアラー」という視点で見てみると風景が変わってくる。西成区はきょうだいが多い家庭が多い。「ネグレクト疑い」とされている家庭の子どもたちの多くは、食事の準備や弟妹の世話などでお互《たが》い助け合いながら、家族でサポートしあいながら暮らしている。

ある中学生男子を思い出す。彼《かれ》はしばしばやんちゃをして生活指導の先生に怒《おこ》られていた。ある日、まだ赤ちゃんの妹を抱《だ》っこしながら地域の遊び場にやってきて、そこにいた小学生女の子に手渡《てわた》して自分はサッカーを始めた。不良っぽい見かけをした男子生徒は、赤ちゃんの妹の世話をしながら合間を縫《ぬ》って友だちと遊んでいるのだ。要対協でネグレクト、と呼んだときには、家族が抱えている問題点ばかりが見えてくる。しかしヤングケアラーという切り口で見たときには、大きい兄が小さな妹をケアしながら親をサポートする力と気づかいが見えてくる。地域の居場所を頼《たよ》りながら、あるいは地域の支援者の応援を受けながら一生懸命生きていく姿が見えてくる。

そして不登校の子どものなかにも、精神疾患でふさいでいる親が心配で家から出られない人がいる。私のインタビューでも、睡眠薬《すいみんやく》を多量に摂取《せっしゅ》して意識を失った母親を見守って徹夜《てつや》することが重なるうちに、朝起きて学校に行くことができなくなってしまっている人がいた。彼女《かのじょ》の場合、母親が娘《むすめ》に依存《いぞん》しているのであり、親の役割を果たせていないネグレクトだとみなすことはできる。しかし同時に子どもの側は母親を介抱《かいほう》し支える優《やさ》しさとケアの力をもつ。ヤングケアラーという視点からみたときには、うつの親を責める理由はないし、子どもだけでなく母親もサポートを必要としている。子どもが徹夜で母親の見守りをしないといけないような場面を防ぐ応援を地域のなかでつくることができれば、学校に通うこともできるだろうし、心理的にも状況《じょうきょう》は大きく改善する。

「ネグレクト」や「不登校」は、親や子どもを責める言葉づかいだ。でもヤングケアラーという視点から考えるなら、家族が困難を抱えるがゆえにケアを担《にな》う子ども、あるいは率《そっ》先《せん》してケアを担う子ども、家族をケアするなかで悩《なや》む子ども、ケアする力をもつ子ども、というように**子どもを主語にして意味づけを変更《へんこう》することができる。**家族全体でなにか大きな困難に直面しているなかで、しかし率先してケアを担う力をもつ、それがヤングケアラーの姿でもあろう。

もちろんヤングケアラーが疲労困憊《ひろうこんばい》している、学校に行けない、といった状況は改善しないといけない。しかしヤングケアラーという視点を取ったときには、誰《だれ》かを責めるのではなく、どうやって子どもと家族を応援したらよいのか、という切り口から考えることになる。**どのような社会的ケアで家族全体を応援すればよいのか、と考える視点を、ヤングケアラーという言葉は提供している。**

それゆえにこそヤングケアラーという言葉をネガティブなレッテルとして使うことがないように気をつけないといけない。

ヤングケアラーという言葉をどう受け止めるか

ヤングケアラーという言葉はイギリスで１９９０年代に使われ始め、日本では２０１０年代後半から専門職のあいだで用いられるようになった。子ども自身は自分がヤングケア

ヤングケアラー

ラーであると思いながら暮らしているわけではなく、ある日突然《とつぜん》大人から「君はヤングケアラーではないか」と言われる。ヤングケアラーという言葉は、サポートを考えるために外から仮につけられる名前に過ぎない。つまり子ども自身の意識とは関係がない。

それゆえヤングケアラーと呼ばれることに違和感をもつ子どもは少なくない。「そんなに大変なことをしているわけではない」「ヤングケアラーって名乗ったら親を責めることになる」というような言葉を私自身も聞いたことがある。

「ヤングケアラー」という言葉は、子どもを応援するための新語なのだから、子ども自身は拒《こば》むことも自由だ。「ヤングケアラー」という言葉をどのように受け止めて、どのような位置どりをとるのかは、それぞれの若者自身が決めることである。この位置どりは、家族や過去をどのように受け止めるのか、という問いであると同時に、今後の人生をどのように生きていくのか、という問いとかかわる。家族のケアが大人になっても続く場合もあれば、大人になって状況が変わる場合もある。いずれの場合も家族との関係は変化していくことが多い。ヤングケアラー経験とは関係のない仕事につく人が多いだろうが、私が知る何人かは対人援助職やボランティアとして子ども子育て支援に関わり続けている。「ヤングケアラー」というラベルが大人になっても使われ続けるわけではない。つまり未来には必ずヤングケアラーとは別のなにかになる。

ヤングケアラーという単語は、名前をつけにくい困難のなかにいる子ども本人にとっては、必要であれば誰かの助けを求めるときに役に立つ。あるいは同じような状況のなかにいる仲間たちと語り合うことで、自分の経験に言葉を与えていくときにも有効だろう。自分で自分の人生を意味づけていくときに、はしごの一段目として役に立つ。二段目からは自分で自分の言葉を見つければよい。

第5章 なぜヤングケアラーが注目されるのか

社会構造の変化から考える

昔の「ヤングケアラー」と今のヤングケアラー

1943年に生まれた私の母親は、母子家庭で育った。私の祖母が働いていたために、4歳《さい》年下の妹の世話をしながら子ども時代を過ごしている。終戦直後の当時このような境遇《きょうぐう》の人は珍《めずら》しくなかった。今の基準でいうとヤングケアラーなのだが、そう呼ばれることはなかった。当時は親戚《しんせき》や隣近所《となりきんじょ》の助け合いのなかで子どもは育っていった。母親も父方の伯母《おば》（私の大伯母）を頼《たよ》っていたと聞く。そして子どもは誰《だれ》もが親やきょうだいの世話をしなから育っている。

ところが現代のヤングケアラーは、周囲の助けを得にくく、そしてヤングケアラーになることで勉強や遊びが思うようにできなくなる。何が違《ちが》うのだろうか。何か時代に変化があるのだろうか。私はヤングケアラーは現代の問題だと考えている。「ヤングケアラーは昔から存在した」と語ると、今現在ヤングケアラーを多く生み出している社会問題を隠蔽《いんぺい》することになる。

社会構造の変化とヤングケアラーの誕生

澁谷《しぶや》智子《ともこ》は、『ヤングケアラーってなんだろう』（ちくまプリマー新書）の中で、ヤングケアラーが注目されている理由を、社会構造の変化に求めている。*9

第二次世界大戦後の高度経済成長期、政府は、夫が会社で働き、妻は家で子どもをケアし家事を担当する、という役割分担を押《お》し付ける制度設計をした。扶養家族《ふようかぞく》制度や寡婦《かふ》年金などによって、専業主婦と核家族《かくかぞく》が増えることを後押ししたのだ。*10 産業構造を農業中心から重工業中心へと変化させ、男性の工場労働者を安定的に確保するためにである。

家族のケアは、主婦によるケアという〈給料が支払《しはら》われない労働〉へと押し込《こ》められた。あたかも家事には経済的な価値はないかのようである。「女は家で家事をしろ」という男尊女卑《だんそんじょひ》的な風潮を政策が助長してきた。戦後の高度経済成長期には、祖父母や親戚が同居して支え合う農村の大家族制度が解体した。工場や大企業《だいきぎょう》がある大都市へと移住した若者が、団地に住みながら夫婦《ふうふ》と子どもを単位とする核家族を形成することで、主婦だけにケア責任が集中する傾向《けいこう》が強まった。

もしも家庭で介護《かいご》することができない病者や障害者がいる場合は、郊外《こうがい》に建設された大規模施設《しせつ》へと隔離《かくり》収容された（1000床《しょう》以上の精神科病院が乱立したのは日本だけである。障害者のためのコロニー〈共同生活施設〉も郊外に作られた）。このことも大きな問題だが、本書のテーマからは外れてしまう。

このような仕組みができた1950年代から70年代にかけては、戦争の影響《えいきょう》もあって高《こう》齢者《れいしゃ》が少なく、働く世代の人口が多い時期だった。平均寿命《へいきんじゅみょう》も短かったので、介護を必要とする年齢まで生きる高齢者は少なかった。社会全体としては、高齢者の介護は大きな問題ではなかった。家族ケアは大きな問題として浮上《ふじょう》しにくかったのだ。1972年に小説家・有吉佐和子《ありよしさわこ》が、認知症《にんちしょう》高齢者の家族介護の困難をテーマにした『恍惚《こうこつ》の人』を出版したころに時代の転機を迎《むか》える。

近年、二重の意味で日本社会は変容した。1993年のバブル経済の破綻《はたん》を契機《けいき》として、雇用《こよう》が不安定になる。とくに2003年に製造業においても非正規労働が解禁されたことが転換点《てんかんてん》となった。定年までの終身雇用の職に就《つ》く人が減り、しかも給与《きゅうよ》そのものも低く抑《おさ》えられている。バブル期の1989（平成元）年に20％ほどだった非正規労働者の割合は、この10年ほどの期間は約40％ほどで推移している。[*11]

そもそも平均給与で見ると1989年当時よりも現在のほうが低い。[*12] 夫の収入だけでは家計が維持《いじ》できないため共働きが一般的《いっぱんてき》になってきた。1990年に専業主婦世帯と共働き世帯はほぼ同数だったのだが、2023年には共働きが1278万世帯に対し、専業主婦世帯が517万世帯と大きく開きが出てきている。

他方で、65歳以上の高齢者の割合は1990年に12％だったのが、2022年には29％である。[*13] 高齢者は今後もしばらく増えていくから、介護を必要とする人もますます増え、介護を担《にな》いうる年齢層は減っていく。医療《いりょう》が発達して寿命が伸《の》びたことも、介護が必要な人の人数を増やしている。

高齢化が進んだが、賃金が低く抑えられ、共働きが一般的になったとき、そしてひとり親世帯も増えたときに、家族のケアはどうなるだろうか。**介護が必要な家族は増えているがしかしもはや主婦が担えないとき、ケアを担えるのは子どもしかいない。**ヤングケアラーという存在は、社会構造が生み出したのだ。

もう一つの要素は**精神疾患《せいしんしっかん》患者の増加**だ。躁《そう》うつ病を含《ふく》む気分障害の患者と神経症性障害やストレス関連障害などをあわせた患者数は２００２年に１１８万人ほどだったのが、２０１７年に２０７万人となり[*14]、その後は２０２０年からのコロナ禍《か》での受診控《じゅしんびか》えがあったものの、ほぼ横ばいだ。１９９８年の通貨危機以降続く不況《ふきょう》のなかで、労働条件が悪化し、心を病《や》む人が増えてきたということだろう。つまり精神疾患をもつ親をケアする可能性がより高くなったのだ。

ヤングケアラーが最近になって注目されたのはこのような制度的な背景や社会情勢と無《む》縁《えん》ではない。日本の経済成長を支えるために誘導《ゆうどう》された核家族化と専業主婦制度は、家族のケアを家庭の自己責任に押し込める政策だった（２０００年に導入された介護保険も家族介護を補完する仕組みだった）。主婦だけに不払いのケア労働が押し付けられてきたものが、不況とともに共働きせざるをえなくなったから子どもがケアを担うようになったのだ。ヤングケアラー一人ひとりの経験はまったく異なり、多様な困難がある。しかし同時に、大

きな社会構造によって条件付けられてもいる。この意味でもヤングケアラーになることは、親のせいでも誰かのせいでもない。

第6章

ヤングケアラーに必要な支《し》援《えん》

かすかなSOSへのアンテナ

ここまでのところで、ヤングケアラーと呼ばれる子どもや若者がどんな経験をしており、どのような社会状況《じょうきょう》が背景にあるのかを考えてきた。ここからは、どのような応援が必要なのか、私自身子ども支援に携《たずさ》わるみなさんから学んだことを整理していきたい。[*15]

子ども自身はヤングケアラーという言葉を知らず、とても大変な状況にあったとしても助けを求める必要があると感じていないかもしれない。あるいは感じていても家のことを外では言いたくない、言ってはいけないと考えている人もいる。

現在多くの自治体でヤングケアラーの実態調査が行われている。調査や研修によって学校の先生がヤングケアラーの知識を得ることは大きな意味をもつ。ヤングケアラー問題に限らず、そばにいる大人が、子どもが抱《かか》える困難のシグナルに気づくことは大事だ。「助けて」とSOSを出すことは非常に難しい。SOSを出して周りの人とつながることが大きな助けになることは多いはずなのだが、それはとてもハードルが高い。大人でもそうなのだがとりわけ子どもはなおさらである。言葉ではないシグナルからキャッチする必要がある。そしてSOSを出せるとしたら学校の担任など親しい人にだ。まずは教員を含《ふく》む子どもにかかわる大人がヤングケアラーについて学ぶ研修が大事になる。

もう一つハードルがある。子どもは「自分の家」以外の、他の家のことを知らない。うつ病で何度も自死未遂《みすい》を図《はか》る母親を、小学生の頃《ころ》から家に閉じこもって見守っていた先述のDさんは、こう語っていた。

【Dさん】〝なんで私、こんな苦しいんやろう〟と思ったけど、誰《だれ》かに助けを求めないといけないような状態じゃないとは思っていました。

他の家と比べることもできないのだから、「なんで私、こんな苦しいんやろう」と感じても助けを求めようとは思えない。子ども時代を10年後に振《ふ》り返ることはできても、子ども時代に母親の心配をしていたその瞬間《しゅんかん》は、自分を取り巻く状況も、自分の感情もクリアに説明できなかっただろう。授業などで子どもがヤングケアラーについて知る機会を作ることも大事だ。

大人に求められることは子どもが発する〈かすかなSOSへのアンテナ〉である。遅刻《ちこく》が増えていないか、服装が乱れたり給食を食べなかったりしていないかあるいはおかわりをたくさんしないか、授業中に眠《ねむ》そうではないか、怒《おこ》りっぽくないか、自傷行為《じしょうこうい》がないか、といった変化は、ヤングケアラーだけでなく何らかの困難を子どもが抱えていることのシグナルである。

しかしもう一歩踏《ふ》み込《こ》んで考えてみることができるかもしれない。SOSを出せないのではなく、何らかのシグナルを出しているのだが、まわりの大人が気づいていない、あるいは見て見ぬふりをしているのかもしれない。

「誰かに助けを求めないといけないような状態じゃないとは思っていました」というDさんも実はSOSを出していた。母親が睡眠薬《すいみんやく》を大量に飲んで意識を失った場面だ。

【Dさん】〈友だちのお母さんに電話しても〉「適切な処置で気道だけ確保しときや」と。「なんかあったら電話頂戴《ちょうだい》」って言うんですよ。〝なんかあったから電話してんねん〟と思ったんですけど、これ以上は私も「分かった、大丈夫《だいじょうぶ》」としか言えないし、子どもながらに気を遣《つか》って。〈……〉一回も泣いたことなくて、本当にお母さんのことで。しんどくて。

実はDさんは近所の人や母親の支援者であるはずの生活保護ケースワーカーに伝えていたのに、大人はサポートしていない。子どもが助けてと言えないのではない。**大人の側が子どものSOSを引き受けるかどうかの問題**なのだということがわかる。

子どもたちは「助けて」と言葉では言わなかったとしても、何らかのしかたでSOSを発している。Dさんは言葉でも伝えている。周りの大人が気づいて、あるいは無視せず、声をかけないといけない。子どもはSOSを発しているのに大人が聞き届けていないとき、大人は「子どもは助けてと言えない」と語る。「子どもが声を出す」ためには、大人がSOSを聞き届け、しっかりと対応できる環境《かんきょう》が必要だが、この環境がまだ整っていない（そもそも教員が自分の意見を同僚《どうりょう》や上司に言えない職場環境では、子どもに「声を出せ」とは求められない）。学校の先生がヤングケアラーの存在に気づいたときに、「どこに相談したらよいのかわからない」という声を聞く。学校と自治体や民間の子ども支援が連携し、ケア会議を開いていくといった取り組みは重要だろう。

次の場面の若者はヤングケアラーではないかもしれないが、困難な状況にいる若者からのかすかなSOSを聴《き》き取る助産師の語りだ。妊娠《にんしん》した若い女性が産婦人科を訪《おとず》れる場面である。

【ひろえさん】今ね、ふっと思い出したの、〔昔、勤めていた〕芦原《あしはら》病院の場面

が。「おかっぱ、**呼べ！**」とか言って、外来で呼ばれて。産婦人科の外来で、私、奥《おく》のほうにいてたと思うんですね。他の仕事してた。〔その子が〕受付に来てさ、名前は覚えてないんやろうね。だから「おかっぱ呼べ！」とか言われて、〝おかっぱっていったら私のことやな〟と思って、〝何怒られるかな〟と思ったら、17の、もうすごいヤンキーの子がおってね。フフ、で、私を**呼ぶ**わけ。〔……〕私のことは「ひろえさん」って言わんと「**おかっぱ！**」って言うんで。でもその子にしたら、〝**初めて人を呼んだな**〟っていうような。それまでは17歳《さい》か16ぐらいで妊娠して来ても、うわーって、もう横向いて、一言もしゃべらんのが、なんか「**困ったから来た**」っていう感じでね。で、まあそういうつながりが、なんかできていくわけですよ。

若い女性が、貧困《ひんこん》地区にある病院の産婦人科の受付で怒鳴《どな》っている。はっきりと理由は語られなかったが、妊娠出産のこととは関係ない話題かもしれない。「風邪《かぜ》を引いて熱がある」、「お金がなくてご飯を食べていない」、「パートナーに殴《なぐ》られた」、「パートナーがいなくなった」、というような生活上の大きな悩《なや》みかもしれない。

「おかっぱ呼べ！」と怒鳴る声を聞いたひろえさんには、その声が「困ったから来た」というふうに聞こえる。つまり怒鳴り声をSOSとして聞き取っている。かすかなSOSへのアンテナが働いている。西成区《にしなりく》で私が出会った子ども支援に関わるみなさんは、そのようなかすかなSOSへのアンテナをもっていた。このことが、ヤングケアラーや虐待《ぎゃくたい》を早期にキャッチすることと、問題が深刻になる前にサポートを組み立てることにつながっている。現在、各自治体で教員や支援者を対象として行われているヤングケアラー研修は、SOSの感度を上げるために役に立つだろう。実際、統計で見る限り、近年捕捉率《ほそくりつ》（ヤングケアラーの対象となる人の中で、実際にヤングケアラーとして把握《はあく》されている人がどれくらいいるかを表す数値）が高まっている。

もう一つ大事なことがある。この若い女性は「あの人なら聞いてくれる」と考えて、わざわざ産婦人科に来て奥で仕事をしていた名前もわからないひろえさんを呼びつけた。つまり若い女性は実は伝わる人には伝わるSOSを出す力、自分の声を聞いてくれる人を嗅《か》ぎ分ける力をもっているのだ。

ひろえさんは女性の訴《うった》えを一人で抱え込むわけではない。ひろえさんはこのあと同僚の助産師たちや医師とＳＯＳを共有することになる。**支援者はチームで子どもを応援する仕組みをもつときに、安心してＳＯＳをキャッチできる。**

本人への応援と家族への応援
――現在整備されている支援制度

現在さまざまなサポートが始まっている。ヤングケアラーに注目が集まる流れのなかで２０２４年６月５日、「改正子ども・若者育成支援推進法」が国会を通過し、国と自治体によるヤングケアラー支援の強化が謳《うた》われた。

ＬＩＮＥによる相談窓口の設置、食事の支援、学習支援、ヤングケアラーの若者たちが集まり語り合うピアグループ（オンラインのものも多い）といった支援が各自治体で準備されている。[*16] ヤングケアラーに特化した支援ではないが、各学校にスクールカウンセラーやスクールソーシャルワーカーを配置する自治体も増えている（とはいえ学級担任、養護教諭《きょうゆ》や校長・教頭先生に相談するケースが多いようだ。そして捕捉ケースの多くが子どもから話してくれた場合であり、相談しない子どもは気づかれていないない可能性がある）。[*17] ヤングケアラ

受付

ーに気づいたときに支援につなぐための仕組みづくりができたときには、連携《れんけい》のための仲《ちゅう》介役《かいやく》として重要な役割を担《にな》うだろう。

しかしそもそも前提として、ヤングケアラーを生み出さないことが大事だ。そのためには**「ケアを家族の責任にしない、ケアは社会全体でするものだ」**という共通了解《りょうかい》が必要だろう。さらに、**高齢者《こうれいしゃ》の在宅支援、精神も含《ふく》む障害者の在宅支援、医療的《いりょうてき》ケア児の在宅支援、そしてそれぞれの領域の連携が不足しているという福祉《ふくし》制度が抱える問題を改善していくこと**が求められている。

さてヤングケアラーの相談窓口の設置は、学校教員が相談する窓口としては役立つが、ヤングケアラー本人はアクセスしにくい。例えば、神戸《こうべ》市《し》の相談窓口では2021年度から2年余りの期間で154件の相談があったうち、本人からの相談が9件にとどまる。しかも相談した子どもの全員が高校生以上であり、小学校からヤングケアラーを担うことが多いと言われているなかで小中学生からの相談が1件もない。[*18] 見ず知らずの人がいる行政の窓口に相談しようと思う小学生は少ないのではないか。つまり、ヤングケアラー支援については、クラス担任など近くの大人が気づいて子どもの声を聴き取り、地域のサポートと連携する仕組みづくりが重要になる。

中学生以上であれば、社会福祉学者の濱島淑恵《はましまよしえ》を中心に大阪市で立ち上がった「ふうせんの会」[*19]のように、オンラインあるいは対面でヤングケアラー同士が語り合う場所はとても有意義だろう。現在ではヤングケアラーを経験した若者たちが組織したピアグループもある。ＮＰＯ法人CoCoTELIは精神疾患《せいしんしっかん》の親をもつ子ども・若者の会だ。ＮＰＯ法人ぷるすあるはが運営する「子ども情報ステーション」にもさまざまな団体が掲載《けいさい》されている。

群馬県高崎市では２０２２年から、大阪市では２０２３年からヤングケアラーのいる家庭へのヘルパー派遣《はけん》のサポートが始まった。高崎市では、生活の援助（家事〔掃除《そうじ》、洗濯《せんたく》、調理等〕、きょうだいの世話）、家族の介護（食事や排泄《はいせつ》の介助、衣類やシーツの交換《こうかん》など）といったサポートが得られる。[*20]

大阪市では、家事支援（食事の準備および後片付け、衣類の洗濯、居室等の掃除・整理整頓《せいりせいとん》、生活必需品《ひつじゅひん》の買い物など）と育児支援（授乳・食事の介助、おむつ交換、沐浴《もくよく》介助、保育所等の送迎《そうげい》支援など）となっている。[*21]

介護保険は、要介護の高齢者本人を対象としたサービスであるため、子どもがヤングケアラーであることを理由にヘルパーのサポートは受けられない。ヤングケアラーは、病や障害をとおして家族全体に生じた困難を子どもがケアしているのだから、ヤングケアラーのいる家庭全体をサポートするこのような支援は大きな意味をもつだろう。

あるいは大阪市では外国にルーツのあるヤングケアラー家庭のための通訳派遣の制度をもっている。[*22] 中国語、韓国語《かんこくご》、英語、ベトナム語、ネパール語およびタガログ語といったニーズのある言葉で体制を整えている。

相談できる人・自分サイドの大人

しかしいくら行政主導の仕組みが整ったとしても子どもにとっての困難は解決しきらないだろう。本書では、ヤングケアラーが深刻な状況へと陥《おちい》る理由を、声が聴かれなくなる〈孤立《こりつ》〉に求めてきた。

かつての子どもたちと今の子どもたちとの違《ちが》いは、祖父母や近所の大人が気にかけてご飯を食べさせたり泊《と》まりに行ったりというサポートが自然に行われ、子どもは友だちとも苦労をシェアしていたことだ。現在60歳以上の世代の人にインタビューをお願いすると、子ども時代の話になったときに学校の先生から応援を受けていた話題が登場することでうかがえる。西成区のヤングケアラーたちが困難を抱え続けてもたくましく生き抜《ぬ》いているように私には見えるのも、同じように大人の見守りと、苦労をシェアできる友だちと居場所があるからだ。

私が西成区の調査で出会ったのも、子どもの居場所のスタッフが大人になるまで、さまざまな形のサポートを続ける姿だった。日々の相談だけでなく、奨学金《しょうがくきん》の手配や自殺企図《きと》のあるヤングケアラーの自宅に訪問する危機介入にいたるさまざまなサポートを耳にしてきた。私が西成区でインタビューをお願いしたヤングケアラー経験者の全員が、子ども時代に頼《たよ》っていた大人の話をした（頼りにしていたのは、みなさんそれぞれ違う大人だった）。つまり伴走型《ばんそうがた》支援と呼ばれるサポートだ。[*23]

【Bさん】ガニとか、ほとんどガニなんですけど、ガニに電話して。もう、ひたすら。いつも電話するとき大泣きしてみたいな感じやったんですけど。ガニがひたすら話聞いてくれて。ガニもすごい今、大変やと思うのに、遠く離《はな》れた自分のことも面倒《めんどう》見てくれて、それが私にとってすごい、ほんまに支えやったですよね。ガニの存在は特に。

〈中3のときに〉里〈41ページで取り上げた「こどもの里」のこと〉、住んでる頃からもそうですけど、自分の家がこういう家っていうのも言わへんかったからこそ、どうやって伝えればいいかっていうのが難しかったから、ひたすら泣いたり暴言吐《は》いたりとかしかできなかったんですよね。〈こどもの里の〉3階の、3階で〈ファミリーホームに〉自分の部屋あったんですけど、大暴れして泣いたりして、「死にたい死にたい」ってずっと言ってて。そんときはほんまに、めちゃ死にたいとか思ったけど、全部ガニが止めてくれてたっていうのがあるかなって感じですね。

それに対して、西成区の外で出会ったヤングケアラー経験者の人たちの語りには、そのような頼れる大人はほとんど登場しなかった。**頼れる大人と出会える仕組みづくり**が大事になるだろう。頼れる第三者の大人という存在が消えてしまったのが現代の日本なのかもしれない。

このようなことは精神論に見えるかもしれない。たしかに支援制度にしにくいことだが、大事な側面なので指摘したい。ヤングケアラーという名前の出現は、子どもが体当たりでき継続的《けいぞくてき》にかかわることができる大人が失われたことと表裏になっているのかもしれない。

居場所と仲間

ヤングケアラー問題が深刻化したのは、ケアを家族介護に閉じ込めてきた現代社会において、共働きが一般的《いっぱんてき》になったがゆえに母親がケアを担えなくなったことだった。くわえてこの社会は、管理と競争を優先するあまり子どもが声を出すことを押《お》さえつけてきた社会でもある。ヤングケアラーではなかったとしても、子どもが声をあげることはきわめて難しい。

子どもも大人も自由に声を出すことができる社会をつくるにはどうしたらよいだろうか。教員が知識を押し付け、画一的な集団生活への適応をもとめる教育を根本から変更《へんこう》して、子どもが自分の願いを語り、自分で考え、調べながら、子ども同士が語り合い、ともに学んでいくような場へと学校が変わっていくことが望ましいのではないだろうか。

ヤングケアラーに特化したグループではなく、子どもたちが誰でもつどえる居場所があるほうがよい。子どもが競争からも管理からも解放されて、誰でも楽しめる場所、好きなことができる場所、何もしなくてもよい場所が備わったときに、ヤングケアラーもSOSを出しやすくなる。これは絵空事だろうか？　しかし競争を強《し》いられる塾《じゅく》が子どもの居場所になるという現状は大きな皮肉ではないだろうか？

西成でインタビューをお願いしたヤングケアラー経験者のみなさんは全員、自分から「居場所」という単語をもちいた。

【Cさん】 居場所っていったらあれなんすけど、家族ですね。スタッフはお兄ちゃん、お姉ちゃんになってるし、デメキン〔「こどもの里」設立者の荘保共子《しょうほともこ》さん〕も母親やったり、おばあちゃんやったりするし。自分が一番、安心できる居場所であって、よそでいろんな失敗をしても、それを受け入れてくれるような場所だと思うんです。だから、自分がくじけても立ち直れるし、失敗してもがんばれる。里があって、受け入れてくれて、居場所があるからこそ、くじけても、失敗しても、まだがんばれる。そんな場所ですかね。

西成区のこどもの里を撮《と》ったドキュメンタリー映画「さとにきたらええやん」、
川崎市の子ども夢パークを撮った「ゆめパのじかん」、どちらも重江《しげえ》良樹《よしき》監督《かんとく》

おそらく大事なことは、**誰もが居場所をもっているということ**だ。ヤングケアラーでなくても、虐待などの困難を抱えていなくても、居場所をもっていることは支えになる。もし家族が倒《たお》れてヤングケアラーになったとしても、頼れる大人がいたらＳＯＳを出しやすい。ちょっとした変化に気づいてもらえる。別にヤングケアラーにならなかったとしても、安心できて自由に遊べる居場所をもっていることは、子どもにとって大事だろう。私が親しんだ西成の居場所以外にも、全国にこのような居場所をつくる動きがある。有名なところで言えば、例えば神奈川県川崎市にある子ども夢パー

クのように、子どもが泥《どろ》だらけで遊んだり、自由に木工をしたり、スポーツやバンドを楽しむことができる居場所もある。

ヤングケアラーは、家のなかに閉じこもってしまい、誰にも相談できない孤立に陥ることがある。子どもが誰でもどこか好きな場所にアクセスできているときには孤立を避《さ》けられる。病気や障害をもつ家族のサポートが必要であり、高校生になったら経験者同士で語り合うピアグループが大事になってくるのも、孤立を防ぐ手立てだからだ。家から外に出て、安心できる仲間や大人とともにいるということの一つの選択肢《せんたくし》として、「居場所」という提案をしている。

もちろん居場所に通いたくない人もいるだろう。そのときにどうしたらよいだろうか。孤立から開いていく試みが難しいときにどうしたらよいのかというのは、一人ひとりのヤングケアラーに応じて考えないといけない。同様の経験をしたヤングケアラーＯＢに聴いていくことが今後必要だろう。

生活支援と親支援——地域での子育てへとひらく

ヤングケアラー問題の特徴《とくちょう》は、家族全体が被《こうむ》った困難を子どもが対処しようとすることだった。

子どもが家事や介護・見守りの過度な責任を負っているとしたら、ケアを家族以外の人も担う必要がある。実際ヤングケアラーのいる家庭へのヘルパー派遣の支援事業をもつ自治体もある。

子どもが家族のケアで大きな負担を抱えるとき、子どもだけではなく家族もまたサポートを必要としている。祖父母の介護の負担が大きいのであれば、高齢者介護とかかわる。きょうだいが障害をもつのであれば障害者福祉とかかわる。あるいは親が精神疾患に苦しむのであれば、精神科医療・精神障害福祉がかかわる。つまり多分野の連携が重要になる。

ヤングケアラー本人の応援は、家族のサポートと連携することになる。今までは高齢者をサポートする訪問看護師やヘルパーが、子どもが「ヤングケアラー」になっていると気づいたとしても、制度上子どもを支援することはできなかった。訪問看護であれば、あくまで医師の指示を受けて患者である家族本人のみの看護を行う制度となっているからだ。しかしこれでは子どもが見捨てられることになる。

分野ごとの縦割りの支援ではなく、困難を抱えた家庭の家族それぞれを全体的に応援する包括的《ほうかつてき》な取り組みが求められてくる。この視点は、縦割りの弊害《へいがい》が大きい日本の医療福祉制度の今後を考える上でも大きなヒントになる。ヤングケアラーは家族全体が抱える困難のシグナルとなる。ヤングケアラーという視点は、子どもから高齢者や障害者まで連続して応援を考えることを要求する。

かつて主婦へとケアを押し付けてきた社会の仕組みのひずみが、子どもを通して浮《う》かび上がってきた。大きな病や障害は、家族だけではケアできない。周囲がサポートしないと立ち行かなくなる。ヤングケアラーに限らず、このように家族と支援者が協力し助け合う仕組みづくりは、これからの日本社会のありかた全体を考えるヒントとなる。例えば経済的に大きな困難を抱えていることが知られているシングルマザーの家庭でも、地域全体で子育ての応援をするネットワークが望まれるだろう。

つまり、誰かが病気や障害を抱えたときのために、子どもから高齢者・障害者まで家族全体と支援者とが連携する仕組みを最初から組み込んで制度設計をしておけば、迅速《じんそく》な対応ができる。医療や障害者福祉が、生活の支援と連動していることが当たり前になったとしたら、ヤングケアラーを生み出しにくくなり、ヤングケアラーの支援も容易になる。

もう一つ大事なのは、ヤングケアラー中心の応援の仕組みをつくるということは、**応援ミーティングに本人が参加する必要がある**ということだ。支援者だけの会議で子どもの支援策を決めるのではなく、子ども自身が自分を助けるために応援ミーティングの主役となるのがのぞましい。

将来のモデル

私が語りを聴いてきた何人かは、大人になってケアラーの役割から離れた。しかし何人かは引き続き家族のケアを続けている。ケアが終わるきっかけは、家族の症状《しょうじょう》の安定、家族の自死の既遂《きすい》・未遂、ヤングケアラー本人が大学進学で実家から離れたこと、というケースを経験したことがある。成人したからといって、ケアを必要とする家族の状況が変わらないときには、楽になるわけではない。行政などのサポートを申請《しんせい》しやすくなるかもしれないが、18歳未満用の支援は打ち切られ、「ヤング」でなくなったがゆえに、むしろ社会のなかでさらに忘れられて埋没《まいぼつ》するケースもありうる。

家族ケアの負担が軽減され、本人の心理的な負担がサポートされたときには、自分で学校も仕事も選んでいくように見える。経験を活《い》かして対人援助職を目指す人も多少はいるが、多くは医療や福祉とは関係のない仕事を選んでいるように感じるし、自由な選択ができることはよいことだろう。

他方で、社会的困窮《こんきゅう》が厳しい地域で子育て支援の調査をしていると、将来へ向けての見通しをもてない若者が多いことが話題となる。先輩《せんぱい》の多くが高校を中退してバイト生活で暮らすときに、あるいは両親もまた不安定な仕事や失業状態にあるときに、若者は自分がどんな将来を考えたらよいのか選択肢が見えない。そういうときに夢はもちにくいだろう。

この問題はとても根深いように感じている。というのは、私がかかわった地域では何世代にもわたって社会的な困難が続き、地域の支援者や行政のさまざまな取り組みにもかかわらず、困難が解消されないように見えるからだ。支援者自身、子どもたちが将来の選択肢をイメージできるようにすることに苦労している。

そのような中、私が聴き取りに訪れた、大阪府箕面市《みのおし》にある、らいとぴあ21という子ども若者支援の拠点《きょてん》で目にしたのは、「非行に走ったお兄ちゃんみたいにならないように」

と、弟の世代でスポーツのクラブを作り、震災《しんさい》支援のボランティアの活動を組織し、地域のなかに就労の場所も作っていくというように、育っていくプロセスに伴走しながらそのつどロール・モデルを示し、応援する取り組みだ。これによって親が生活保護受給者であったとしても、若者は継続的な一般就労にまでつながっていた。

つまり、**一人ひとりに継続的に関わりながら、居場所などの環境をととのえ、自由に進学や就労の選択ができるような応援をつくる**というのは一つ有効なモデルだ。

ここにはもう一つ社会全体の価値観の問題が背景に横たわっている。

テストでよい点数を取ってよい学校に入り、大きな会社に入って高い給料をもらう者こそが成功者である、という単線的で色褪《いろあ》せた価値観が日本を覆《おお》っている。競争社会のモデルしかないとしたら、勉強を続けることが難しい人は将来の見通しを立てることができない。

ヤングケアラーは介護が忙《いそが》しくて勉強する余裕《よゆう》がないことがある。思うような成績が取れないこともあるだろう。成績が振るわないことで、子どもの自尊心は傷つけられる。そもそもクラスの多くの人が劣等感《れっとうかん》を植え付けられる。平均点以上の点でも劣等感をもつ人もいるだろう。自尊心を傷つけられることは、人生にとってよいことではない。

いずれ勉学に復帰することができるにしても、競争しかモデルがないなかでヤングケアラーであるときには焦《あせ》りばかりがつのる。あるいは競争社会から外れていると感じているときには将来に希望がもてない。

よい成績であっても、追い立てられているように感じて心が休まらないのではないだろうか？　他の人からみたら「よい成績」でも本人は焦っている。そもそもよい成績を取ることはそんなに大事なことだろうか？　テストの点数などという単純化された数字、社会の役に立つわけでもない数字によって人の価値が決められるのはおかしくないだろうか？

競争して他の人を出し抜くのではなく、応援し合って一緒《いっしょ》に幸せになるイメージを共有していた方が、社会全体で息がしやすい。そのときには家族をケアした経験は大きな自信にもなる。競争や業績ではなく、応援し合うことが軸《じく》となる社会では、なにかの困りごとを抱えたときにも、助けも求めやすい。あるいは人助けもしやすい。そして**ヤングケアラーの経験は価値となる。**そもそもヤングケアラーの問題も、日本社会がケアし合う社会ではないがゆえに深刻化している。

終章

それぞれの「居場所」をみつける

困りごとをサポートし合う社会へ

ヤングケアラーたちが将来のビジョンをもちやすい環境《かんきょう》は、新しい価値観を要求する。

先ほど、２０００年代に非正規雇用《こよう》が一《いっ》般的《ぱんてき》になったことと、ヤングケアラー問題が出現したことのあいだに関係があることを示した。

非正規雇用が拡大されたのは、企業《きぎょう》が安価な労働力を手にして資金と競争力を蓄《たくわ》えるためである。不況《ふきょう》が続く日本において、あるいは20世紀末から経済的に衰退《すいたい》し続ける日本において、「企業の繁栄《はんえい》」という一人ひとりをないがしろにする価値観にしがみ続けようとする無理が、国民にしわ寄せを強《し》いた。企業の内部留保（貯《た》めた利益）が莫大《ばくだい》になる一方で、国民は貧しくなる。ヤングケアラーはその流れのなかで出現した。

国全体が貧しくなるなかでの経済至上主義は、過剰《かじょう》な競争主義を生み出している。そして競争するということは、競争に負ける人、競争から排除《はいじょ》される人を生み出すということだ。２０１６年に津久井《つくい》やまゆり園で起きた重度障害をもつ19人の人を殺害した事件の犯人が、「意思疎通《いしそつう》できない者は有害である」と主張していた姿勢につながる。

このような文脈がヤングケアラー問題の背景にはある。

ヤングケアラーのサポートは、本人への応援《おうえん》だけでなく、家族を応援すること、家族と支援者とが協力しあう仕組みを作ること、学歴や収入の競争とは異なる将来のモデルを子どもだけでなく大人も含《ふく》めて社会全体が共有することが必要だと述べてきた。このことは社会全体の価値観の変更《へんこう》を要求する。競争と経済に価値を置く社会から、**困りごとをサポートし合う社会**へと変化することが求められる。

一人ひとりへのまなざしと、ユニバーサルなケア

20世紀末から日本の経済状況が厳しくなったことと並行《へいこう》して、管理社会が深刻化した。そして子どもの遊び場、子どもの居場所がどんどん奪《うば》われていった。

１９７０年生まれの私が小学校時代を過ごした神奈川県藤沢市《ふじさわし》では、放課後小学校の校庭で暗くなるまでサッカーをしていても文句をいう人はいなかった。近所には、秘密基地ごっこをするような空き地がたくさんあった。私は学童保育の利用者ではなかったが、にもかかわらず、混ぜてもらっておやつを食べていた。そもそも塾《じゅく》に通っているのは小学校５、６年生のときでもクラスに一人だけだったので（ピアノや習字などの習いごとをしている人はいたが）、放課後は公園や空き地で遊んでいたのだった。

こういう環境は、日本の都市部では随分《ずいぶん》前に消滅《しょうめつ》しただろう。

子どもたちは学校でも管理され、放課後も塾や習いごとで時間的にも空間的にもしばりつけられ競争させられている。ヤングケアラー問題が２０１０年代以降に表面化した背景には、このような管理され競争へと追い立てられた子どもの状況がある。主婦へ押《お》し付け

られてきた家事労働が、このような競争のなかで、今度は子どもに転嫁《てんか》されたのだ。

本書で描《えが》いてきた通り、西成《にしなり》の子どもたちは、近所の遊び場で友だちや見守る大人の応援を受けていた。そして他の地域のヤングケアラーたちは、家族のなかで孤立《こりつ》していた。この背景には、日本全体で子どもが自由に集《つど》える居場所がこの何十年かのあいだに奪われたという事情がある。ヤングケアラーであろうがなかろうが、誰《だれ》でも通える居場所が自宅の近くにあることは有意義だ。

たとえば、突然《とつぜん》親が倒《たお》れてヤングケアラーになる場合や、家で虐待《ぎゃくたい》が起きた場合を考えてみよう。もし家族が病で倒れるよりも前から、大人が見守る居場所につながっていたとしたら、子どもも家族について何か言葉を漏《も》らすことがあるかもしれず、何よりも周囲の子どもや大人がその子の変化に気がつくだろう。私が調査で出会った人たちの何人かは、居場所となる遊び場で早期にサポートを得ていた。

子どもははっきりと「助けて」と言えないかもしれない。子どもが身振《みぶ》りや表情で発しているシグナルと出あわないといけない。トラブルを抱《かか》え込《こ》むよりも前に、あらかじめつながっている場所や頼《たよ》りにできる人がいるとしたら、何か困りごとが生じたときに相談しやすいだろうし、様子がおかしいことに気づいてもらえる。

福祉《ふくし》制度には年齢《ねんれい》制限や障害手帳の有無《うむ》といった制限がある。あるいは申請《しんせい》主義をとる日本の制度では、（例えば日本語が自由ではないといった理由で）申請することができない人にはサービスが届かない。西成区で民間の団体を中心に行ってきた支援はまさに制度のすき間を縫《ぬ》うようにして、一人ひとりにフォーカスすることで、このようなすき間が生まれることを防ごうとする試みだった。

ベースにあるのは、子どもであれば誰もが利用できる居場所の存在である。誰もが遊べる場所があるときにこそ、目の前にいる一人の子どもにフォーカスすることもできよう。現状ではまだ難しいが、今後の日本社会の課題として、子どもが年齢や障害の有無にかかわらず誰でも集える場所が近所に複数あることが理想だ。あらかじめ遊び場に子どもが通っているときには、困難を抱えた子どもの発見が容易になる。もちろん居場所の手前で学校もまた、子どもが安心して困りごとを相談し、先生が微《かす》かなシグナルをキャッチする場所になることが理想だ。

誰もが通える居場所があるからこそSOSを出すこともでき、微かなシグナルがすぐに発見される。全員の手に届く無条件のユニバーサルなケアが実現していたらすき間が生じにくくなる。一人ひとりの声に気づき、応えることができなかったら全員が暮らしやすい社会ではないだろう。つまりすき間に陥《おちい》った一人の子どもをキャッチし声をかけるまなざしと、誰もがサポートし合うユニバーサルなケアは補い合う関係にある。一人ひとりのSOSを聴《き》き取ることは、無条件に誰もが集う場所を必要とする。

実はこのような居場所とコミュニティづくりは、ヤングケアラー支援のためだけでなく、誰もが暮らしやすくなる社会を作るためのプロジェクトでもある。**家族が幸せに暮らすためには、他の人たちとの交流と応援が必要だ。**

おわりに

ヤングケアラーのみなさんと、そのまわりにいるみなさんへ

自分はいま苦しい、と感じているかもしれない。同時に、家族のためにケアをすることをあなたは大事だと思ってもいるだろう。ケアを担《にな》う力をもつ、ということは大事な意味をもつ。もちろん、家族のケアに時間と体力をとられることで、勉強や遊びが制限されることはよくない。そしてときには孤独《こどく》や憎《にく》しみや悲しみに押《お》しつぶされているかもしれない。苦しみを感じている人が声を出しやすくする仕組みづくり、苦しさの渦中《かちゅう》にいる人のシグナルをキャッチする場づくり、そして渦中の家族全体のケアと生活をサポートする仕組みづくりが急がれている。

自分にとって意味がある行為《こうい》には意味がある。しかし、ケアはあくまで自分の望む範囲《はんい》で、無理がない範囲で担えばよい。自分の人生を犠牲《ぎせい》にする必要はない。今は家族を応援《おうえん》する仕組みがさまざまにある。その意味でも、いまヤングケアラーである人は、誰《だれ》かに頼《たよ》ってほしい。

いま困難な状況《じょうきょう》にあって苦しいと感じている人には、誰か頼れる人あるいは少なくとも敵ではない人――担任の先生かもしれないし、保健室の先生かもしれない、あるいは友だちかもしれない――に相談してほしい。そして相談を聴《き》いた友だちは、信頼《しんらい》できる大人に相談してほしい。

もちろん「家のことを外では言いたくない」という人も少なくないだろう。「信頼できる大人なんかいない」という人もいるだろう。でも言えなくなってしまうこと自体は社会のせいだ。大人たちは、人に頼りにくい社会を作ってきてしまった。本書を読んでくれた若いあなたから、SOSを出しやすい社会を作るためにどうしたらよいのか考えてみてほしい。さいわい、子どもが抱《かか》える困難については日本全体で注意が向くようになってきた。これからの社会は、SOSをキャッチする感度が上がっていくはずだ。SOSを誰かが出し始めること、このことが世界を変えていくはずだ。

本書を終えるにあたって、私に教えて下さったヤングケアラー経験者のみなさん、そして大阪市西成区で子ども子育て支援を実践《じっせん》するみなさん、なかでもとりわけ荘保《しょうほ》共子《ともこ》さんに感謝申し上げる。また北海道大学の石原真衣《いしはらまい》さんとの日常的な議論が本書に反映されている。筑摩《ちくま》書房《しょぼう》の金子《かねこ》千里《ちさと》さんは貴重な機会を下さり、ていねいに本書を作って下さった。

本書ではヤングケアラーという切り口から、これからの日本社会がどのような方向に進んだら私たちが幸せになれるのか考えている。「ヤングケアラー」というトピックを超《こ》えて大事なことを書き留めることができていたら幸いである。

おもな参考文献など

第１章

＊１　澁谷《しぶや》智子《ともこ》『ヤングケアラー――介護《かいご》を担う子ども・若者の現実』（中公新書、２０１８年）

＊２　こども家庭庁ＨＰ「ヤングケアラーのこと」
https://kodomoshien.cfa.go.jp/young-carer/about/

第２章

＊３　澁谷智子編『ヤングケアラー　わたしの語り――子どもや若者が経験した家族のケア・介護』（生活書院、２０２０年）

＊４　中村佑子《なかむらゆうこ》、村上靖彦《むらかみやすひこ》「ヤングケアラーの哲学」『群像』２０２４年５月号

おもな参考文献など

第３章

＊5 中村佑子『わたしが誰《だれ》かわからない――ヤングケアラーを探す旅』（医学書院、２０２３年）

＊6 横道誠《よこみちまこと》 編著『みんなの宗教2世問題』（晶文社、２０２３年）

＊7 中村佑子『マザリング――現代の母なる場所』（集英社、２０２０年）

＊8 この点については大阪大学人間科学部の桐田《きりた》聖来《せいら》さんとの議論から着想している。

第５章

＊9 澁谷智子『ヤングケアラーってなんだろう』（ちくまプリマー新書、２０２２年）

＊10 上野《うえの》千鶴子《ちづこ》『家父長制と資本制――マルクス主義フェミニズムの地平』（岩波現代文庫、２００９年）

＊11 「非正規雇用《こよう》の現状と課題」（厚生労働省）
https://www.mhlw.go.jp/content/001234734.pdf

＊12 「平均給与（実質）の推移」（厚生労働省）
https://www.mhlw.go.jp/stf/wp/hakusyo/kousei/19/backdata/01-01-08-02.html

＊13 「高齢者の人口」（統計局）
https://www.stat.go.jp/data/topics/topi1321.html

*14 「精神疾患《せいしんしっかん》を有する総患者数の推移」（厚生労働省）
https://www.mhlw.go.jp/content/12200000/000940708.pdf

第6章

*15 わが町にしなり子育てネット編『西成区におけるヤングケアラーの現状を支援《しえん》に関する調査２０２２、大阪市西成区の小中学校におけるヤングケアラーの現状と把握《はあく》・支援に関する調査２０２３』

*16 近年自治体が制定した、ヤングケアラーに関する条例などについては、全泓奎《ジョンホンギュ》・矢野《やの》裕俊《ひろとし》編『ヤングケアラーの実態解明と支援策の検討』（ＵＲＰ先端的都市研究シリーズ第37巻、２０２３年）の、川《かわ》瀬瑠美《せるみ》による第6章「各地方自治体による条例、施策」に簡潔にまとめられている。
https://omu.repo.nii.ac.jp/search?page=1&size=20&sort=upd&search_type=2&q=1710316253134

*17 同書、森口《もりぐち》由佳子《ゆかこ》、川瀬瑠美、楊慧敏《ようけいびん》、矢野《やの》淳士《あつし》による第2章「都市部の学校へ通う子どものヤングケアラー問題に関する調査研究——小中学校の教員への質問紙調査を通して」

*18 ヤングケアラーと子どもの不利を考える研究会編『都市におけるヤングケアラー支援に対する実践《じっせん》モデル事業構築に向けたアクションリサーチ——支援システムと居場所づくり事業を中心に』（ＵＲＰ先端的都市研究シリーズ第39巻、２０２４年）

*19 特定非営利活動法人ふうせんの会　https://ycballoon.org/index.html

おもな参考文献など

＊20 高崎市HP「ヤングケアラーSOS」
https://www.city.takasaki.gunma.jp/site/notice/1945.html

＊21 大阪市HP「大阪市家事・育児訪問支援事業実施要綱《ようこう》」
https://www.city.osaka.lg.jp/kodomo/page/0000605048.html

＊22 大阪市HP「大阪市ヤングケアラー外国語通訳派遣《はけん》事業について」
https://www.city.osaka.lg.jp/kodomo/page/0000603635.html

＊23 伴走型《ばんそうがた》支援については、加藤昭宏《かとうあきひろ》「中学校卒業後も途切れない重層的な伴走型支援の展開可能性――コミュニティソーシャルワーカーの「のりしろ機能」に着目して」（ソーシャルワーク学会誌第46巻、2023年、1～13ページ）が参考になる。

次に読んでほしい本

澁谷《しぶや》智子《ともこ》
『ヤングケアラー
——介護《かいご》を担う子ども・若者の現実』
中公新書、2018年

濱島《はましま》淑恵《よしえ》
『子ども介護者
——ヤングケアラーの現実と社会の壁《かべ》』
角川新書、2021年

ヤングケアラーとはどのような現象なのか、全体的な知識を与《あた》えてくれる2冊である。

毎日新聞取材班
『ヤングケアラー
――介護する子どもたち』
毎日新聞出版、2021年

報道機関によってまとめられた本書は、ルポルタージュ的に読むことができる。

澁谷智子
『ヤングケアラーってなんだろう』
ちくまプリマー新書、2022年

中高生以上に向けたシリーズから出版された本書は、今回の本でも触《ふ》れた通り、社会構造からの分析《ぶんせき》が鮮《あざ》やかである。

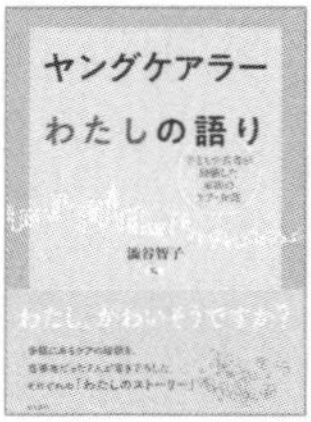

澁谷智子編
『ヤングケアラー　わたしの語り
——子どもや若者が経験した家族のケア・介護』
生活書院、2020年

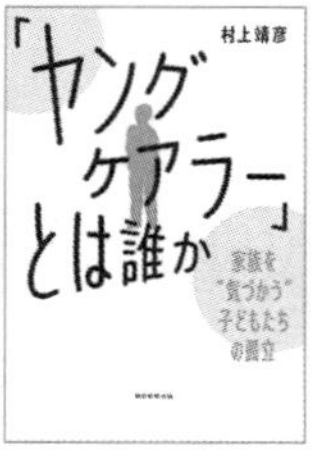

村《むら》上《かみ》靖《やす》彦《ひこ》
『「ヤングケアラー」とは誰《だれ》か
——家族を〝気づかう〟子どもたちの孤立《こりつ》』
朝日選書、2022年

ヤングケアラーの経験を本人が語ることも大事であり、他のヤングケアラーの人たちそして対人援助職《えんじょしょく》の人たちにも参考になるはずだ。『ヤングケアラー　わたしの語り』は、多様なヤングケアラーたちの経験を本人の言葉で知ることができる本である。

拙著《せっちょ》『「ヤングケアラー」とは誰か』もまた社会的困窮《こんきゅう》におけるヤングケアラー経験、コーダ（耳が聞こえない、または聞こえにくい親のもとで育つ健聴者《けんちょうしゃ》の子どものこと）、きょうだいヤングケアラーが語る異なる経験を丁寧《ていねい》に解きほぐした。

ヤングケアラーは家族が抱《かか》えるさまざまな困難を子どもがケアすることであり、背景は多様な姿を取る。家族が抱える困難は、必ずしも身体的な病気や障害、認知症《にんちしょう》に限られるわけではない。本書では、とりわけ精神障害をもつ親とヤングケアラーに注目した。

次に読んでほしい本

中村《なかむら》佑子《ゆうこ》
『わたしが誰かわからない
——ヤングケアラーを探す旅』
医学書院、2023年

水谷《みずたに》緑《みどり》
『私だけ年を取っているみたいだ。
——ヤングケアラーの再生日記』
文藝春秋《ぶんげいしゅんじゅう》、2022年

横山《よこやま》恵子《けいこ》、蔭山《かげやま》正子《まさこ》編著
『精神障がいのある親に育てられた子どもの語り——困難の理解とリカバリーへの支援』
明石書店、2017年

『わたしが誰かわからない』は、自身もヤングケアラー経験者である著者が、精神疾患《せいしんしっかん》を抱える家族と暮らした経験者にインタビューを行った本であり、今回の本でも大いに参考にした。

精神疾患をもつ母親をケアし家事を担いながら育つ女の子が主人公の漫画《まんが》である『私だけ年を取っているみたいだ。』は、精神疾患を抱える母親をサポートすることがどのような経験なのかをリアルに描《えが》いている。

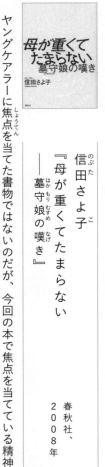

『精神障がいのある親に育てられた子どもの語り』は、ヤングケアラーという言葉が普及《ふきゅう》するよりも前にすでに充実《じゅうじつ》した聴《き》き取りを収めた先駆的《せんくてき》な仕事である。

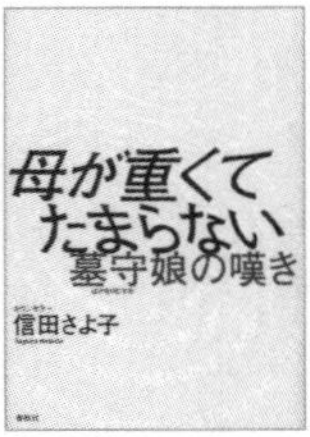

信田《のぶた》さよ子《こ》
『母が重くてたまらない
——墓守娘《はかもりむすめ》の嘆《なげ》き』
春秋社、2008年

ヤングケアラーに焦点《しょうてん》を当てた書物ではないのだが、今回の本で焦点を当てている精神疾患の母親をケアする娘のありようを鮮やかに描き出した書物である。心理的ケアの文脈では、精神疾患をもつ家族をケアする子どもの存在は以前から注目されていた。

髙谷《たかや》幸《さち》編著
『多文化共生の実験室
——大阪から考える』
青弓社、2022年

私が最初にヤングケアラー問題とであったのは社会的困窮地域で、親やきょうだいをサポートする子どもたちだった。大阪は社会的困窮の子どもをサポートする厚い伝統がある。本書は、多面的に子ども支援と教育の歴史を理解できる書物だ。

金《キム》光敏《クァンミン》
『大阪ミナミの子どもたち
――歓楽街《かんらくがい》で暮らす親と子を支える夜間教室の日々』
彩流社《さいりゅうしゃ》、2019年

丸山《まるやま》正樹《まさき》
『キッズ・アー・オールライト』
朝日新聞出版、2022年

社会的困窮の現場で出会っていたものの、今回の本ではニューカマーの子どもたちについては多くを触れられなかった。必ずしもみながヤングケアラーであるわけではないが、日本語が自由ではない親のサポートや通訳として奮闘《ふんとう》している子どもは少なくない。『大阪ミナミの子どもたち』は、ニューカマーの子どもたちの生き生きとした姿を描いている。『キッズ・アー・オールライト』は素晴らしいエンターテインメント小説であるだけでなく、丁寧な描写で彼らの姿を知るのにとてもよい。

仲田《なかた》海人《かいと》、木村《きむら》諭志《さとし》編著
『ヤングでは終わらないヤングケアラー
――きょうだいヤングケアラーのライフステージと葛藤《かっとう》』
クリエイツかもがわ、2021年

今回の本で取り上げられなかったヤングケアラーは他にもいる。たとえばきょうだい児と呼ばれる子どもたちがいる。きょうだいが障害や病をもつときに、障害をもつきょうだいあるいは親のケアをするヤングケアラーだ。本書は、まだあまり注目を集めていない、障害をもつきょうだいのサポートをするヤングケアラーの人生について、大人になってからの経験も含《ふく》めた手記を多数含み、支援策も考察した書物である。

横道《よこみち》誠《まこと》編著
『みんなの宗教2世問題』
晶文社《しょうぶんしゃ》、2023年

2022年の安倍元首相狙撃《そげき》事件をきっかけにして注目されるようになったのは宗教2世たちだった。彼《かれ》らのなかにもヤングケアラーがいる。本書は当事者たちの手記、研究者や支援者による記述、最新の研究動向を含み、宗教2世についての見取り図を得ることができる。登場する全員がヤングケアラーに当てはまる訳ではないかもしれないが、多くの場合、心理的に親をサポートしているだろう。

村上靖彦
『子どもたちがつくる町
——大阪・西成《にしなり》の子育て支援』
世界思想社、2021年

今回の本では居場所の重要性についても議論した。居場所についてはたくさんの書物があるが、本書で、今回の本のベースとなるアイディアを書き留めている。書物の代わりに居場所についてのドキュメンタリー映画として『さとにきたらええやん』、『ゆめパのじかん』（ともに重江《しげえ》良樹《よしき》監督《かんとく》）を紹介したい。ご覧いただいた方は誰でも「こんな場所が身近にあったらよかったのに」と思うだろう。

ちくまQブックス

伊《い》藤《とう》亜《あ》紗《さ》
東京科学大学リベラルアーツ研究教育院教授

きみの体は何者か
——なぜ思い通りにならないのか？

体は思い通りにならない。
でも体にだって言い分はある。
体の声に耳をすませば、思いがけない発見が待っている！
きっと体が好きになる14歳からの身体論。

小《お》貫《ぬき》篤《あつし》
埼玉大学准教授

法は君のためにある
——みんなとうまく生きるには？

中学生のタツルくんが出会ったトラブルは、
法的な考え方を使うとどう解決できるのか？
みんなとうまく生きるための法の世界に、
君も一歩足を踏み入れてみよう。

ちくまQブックス

田《た》房《ぶさ》永《えい》子《こ》

漫画家・エッセイスト

なぜ親はうるさいのか
——子と親は分かりあえる？

親が過干渉になる仕組みを、
子ども・大人・母親の立場から徹底究明。
「逃げられない」あなたに心得てほしいこととは。
渾身の全編漫画描き下ろし！

小《こ》林《ばやし》亜《あ》津《つ》子《こ》

北里大学教授

生命倫理のレッスン
——人体改造はどこまで許されるのか？

美容整形やスマートドラッグ等、
人体を改良するための技術利用は「私の自由」といえる？
急速に進歩する科学技術と向き合う、
生命倫理の対話の世界へようこそ。

ちくま
Q
ブックス

ブレイディみかこ

ライター・コラムニスト

地べたから考える
——世界はそこだけじゃないから

日常にひそむ社会の問題を、自らのことばで表現し続ける
ブレイディみかこのエッセイ・アンソロジー。
足を地に着けて世界を見る
視線の強さを味わう15篇を精選。

木《き》村《むら》元《ゆき》彦《ひこ》

ノンフィクションライター

在日サッカー、国境を越える
——国籍ってなんだ？

ルーツを尊びチームに愛される、
プロサッカー選手の生き方って？
日韓で活躍し、北朝鮮代表も務めたアン・ヨンハ選手が、
今度はもうひとつのワールドカップへ！

村上靖彦

むらかみ・やすひこ

1970年、東京都生まれ。基礎精神病理学・精神分析学博士（パリ第7大学）。現在、大阪大学人間科学研究科教授・感染症総合教育研究拠点CiDER兼任教員。専門は現象学的な質的研究。著書に『客観性の落とし穴』（ちくまプリマー新書）、『ケアとは何か——看護・福祉で大事なこと』（中公新書）、『「ヤングケアラー」とは誰か——家族を“気づかう”子どもたちの孤立』（朝日選書）、『子どもたちがつくる町——大阪・西成の子育て支援』（世界思想社）、『すき間の哲学——世界から存在しないことにされた人たちを掬う』（ミネルヴァ書房）、『摘便とお花見——看護の語りの現象学』『在宅無限大——訪問看護師がみた生と死』（医学書院）ほか多数。

ちくまQブックス

となりのヤングケアラー

SOS《エスオーエス》をキャッチするには？

2024年12月5日　初版第一刷発行

著　者　村上靖彦

装　幀　鈴木千佳子

発行者　増田健史

発行所　株式会社筑摩書房

東京都台東区蔵前2-5-3　〒111-8755

電話番号03-5687-2601（代表）

印刷・製本　中央精版印刷株式会社

ISBN978-4-480-25157-2 C0336